Glaube braucht Vernunft

Verantwortung vor Gott und den Menschen

Norbert Lammert

Norbert Lammert

Glaube braucht Vernunft

Verantwortung vor Gott und den Menschen

benno

Bibliografische Information der Deutschen Nationalbibliothek
Die Deutsche Nationalbibliothek verzeichnet diese Publikation in der Deutschen Nationalbibliografie; detaillierte bibliografische Daten sind im Internet über http://dnb.d-nb.de abrufbar.

Besuchen Sie uns im Internet:
www.st-benno.de

Gern informieren wir Sie unverbindlich und aktuell auch in unserem Newsletter zum Verlagsprogramm, zu Neuerscheinungen und Aktionen. Einfach anmelden unter www.vivat.de.

ISBN 978-3-7462-6305-2

Umschlaggestaltung: Ulrike Vetter, Leipzig
Porträtfoto, Rückseite: © picture alliance/dpa/Hendrik Schmidt
Gesamtherstellung: Kontext, Dresden (A)

Inhalt

Auch ein Staat, der die Glaubensfreiheit umfassend gewährleistet und sich damit selber zu religiös-weltanschaulicher Neutralität verpflichtet, kann die kulturell vermittelten und historisch verwurzelten Wertüberzeugungen und Einstellungen nicht abstreifen, auf denen der gesellschaftliche Zusammenhalt beruht und von denen auch die Erfüllung seiner eigenen Aufgaben abhängt. Der christliche Glaube und die christlichen Kirchen sind dabei, wie immer man ihr Erbe heute beurteilen mag, von überragender Prägekraft gewesen. Die darauf zurückgehenden Denktraditionen, Sinnerfahrungen und Verhaltensmuster können dem Staat nicht gleichgültig sein.

Bundesverfassungsgericht 1993

Entgegen einem weit verbreiteten Missverständnis heißt „Verfassungspatriotismus“, dass sich Bürger die Prinzipien der Verfassung nicht allein in ihrem abstrakten Gehalt, sondern aus dem geschichtlichen Kontext ihrer jeweils eigenen nationalen Geschichte in ihrer konkreten Bedeutung zu eigen machen. Wenn die moralischen Gehalte von Grundrechten in Gesinnungen Fuß fassen sollen, genügt der kognitive Vorgang nicht.

Eine entgleisende Modernisierung der Gesellschaft im Ganzen könnte sehr wohl das demokratische Band mürbe machen und die Art von Solidarität auszehren, auf die der demokratische Staat angewiesen ist.

Im Gemeindeleben der Religionsgemeinschaften, sofern sie nur Dogmatismus und Gewissenszwang vermeiden, kann etwas intakt bleiben, was anderswo verloren gegangen ist. […] Die Übersetzung der Gottesebenbildlichkeit des Menschen in die gleiche und unbedingt zu achtende Würde aller Menschen ist eine solche rettende Übersetzung.

So liegt es auch im eigenen Interesse des Verfassungsstaates, mit allen kulturellen Quellen schonend umzugehen, aus denen sich das Normbewusstsein und die Solidarität von Bürgern speist.

Jürgen Habermas

Ist die allmähliche Aufhebung der Religion, ihre Überwindung, als nötiger Fortschritt der Menschheit anzusehen, damit sie auf den Weg der Freiheit und der universalen Toleranz kommt, oder nicht?

Müsste nicht die Vernunft unter Aufsicht gestellt werden? Aber durch wen oder was? Oder sollten vielleicht Religion und Vernunft sich gegenseitig begrenzen und je in ihre eigenen Schranken weisen?

[…] oder gibt es ein Recht, das alle Rechtssysteme überschreitet, Menschen als Menschen in ihrem Zueinander bindet und weist?

Als letztes Element des Naturrechts, das im Tiefsten ein Vernunftrecht sein wollte, jedenfalls in der Neuzeit, sind die Menschenrechte stehen geblieben. Sie sind nicht verständlich ohne die Voraussetzung, dass der Mensch als Mensch, einfach durch seine Zugehörigkeit zur Spezies Mensch, Subjekt von Rechten ist, dass sein Sein selbst Werte und Normen in sich trägt, die zu finden, aber nicht zu erfinden sind.

Die rationale oder die ethische oder die religiöse Weltformel, auf die sich alle einigen, und die das Ganze tragen könnte, gibt es nicht. Jedenfalls ist sie gegenwärtig unerreichbar.

Joseph Kardinal Ratzinger

Vernunft und Glaube

Die inzwischen gefestigte Einsicht, dass der moderne demokratische Verfassungsstaat auf normativen Voraussetzungen beruht, die er selbst weder schaffen noch garantieren kann, ist in jüngerer Vergangenheit sowohl praktisch wie theoretisch in mehrfacher Weise besonders eindrucksvoll bestätigt worden. Praktisch durch das zunehmende Bewusstsein von Orientierungs- und Integrationsproblemen in einer modernen Gesellschaft, die sich keineswegs von alleine auflösen, und theoretisch durch einen bemerkenswerten Diskurs sowohl im Bereich der zeitgenössischen Philosophie wie im Bereich der zeitgenössischen Theologie. Geradezu prototypisch für diesen neuen Diskurs will ich auf den denkwürdigen Dialog hinweisen, den vor fast zwanzig Jahren (2004) Jürgen Habermas und Joseph Ratzinger auf Einladung der Katholischen Akademie in Bayern unter dem Arbeitstitel „Vorpolitische moralische Grundlagen eines freiheitlichen Staates“ geführt haben. Über seine exemplarische

Bedeutung für das unlösbare Spannungsverhältnis von Vernunft und Glaube hinaus, zeugt jener Dialog nicht zuletzt von der seltenen Verbindung intellektueller Brillanz und persönlicher Bescheidenheit der beiden Persönlichkeiten.

In diesem damaligen Gespräch und einer Reihe sich daran anschließender Publikationen hat Habermas darauf hingewiesen, dass republikanische Gesinnungen sich inzwischen weitgehend von ihren vorpolitischen Verankerungen gelöst haben, die wie ein gemeinsamer religiöser Hintergrund und eine gemeinsame Sprache für die Entstehung einer hochabstrakten staatsbürgerlichen Solidarität hilfreich gewesen seien. Habermas spricht von der Gefahr einer „entgleisende[n] Modernisierung der Gesellschaft", die „die Art von Solidarität auszehren" könne, „auf die der demokratische Staat, ohne sie rechtlich erzwingen zu können, angewiesen sei"[1]. So liege es auch im eigenen Interesse des Verfassungsstaates, „mit allen den kulturellen Quellen schonend umzugehen, aus denen sich das Normbewusstsein und die Solidarität von Bürgern speist."[2]

Habermas plädiert für eine selbstkritische Neubestimmung des Verhältnisses von Glauben und

Wissen und weist zu Recht auf die unvermeidlichen Anpassungsprozesse hin, die sich daraus für das religiöse Bewusstsein wie für die moderne säkularisierte Gesellschaft ergeben. Zwar habe die Religion ihren Anspruch auf ein Interpretationsmonopol und umfassende Lebensgestaltung in einem weltanschaulich neutralen Staat verloren, was man übrigens auch als überzeugter Christ nicht nur bedauern muss, dennoch sei die weltanschauliche Neutralität der Staatsgewalt keineswegs mit einer politischen Verallgemeinerung einer säkularistischen Weltsicht gleichzusetzen. Weder dürften säkularisierte Bürger in ihrer Rolle als Staatsbürger religiösen Weltbildern grundsätzlich ein Wahrheitspotenzial absprechen noch den gläubigen Mitbürgern das Recht bestreiten, in religiöser Sprache Beiträge zu öffentlichen Diskussionen zu machen. Noch einmal Habermas: „Eine liberale politische Kultur kann sogar von den säkularisierten Bürgern erwarten, dass sie sich an Anstrengungen beteiligen, relevante Beiträge aus der religiösen in eine öffentlich zugängliche Sprache zu versetzen.“[3]
Joseph Ratzinger, damals noch Präfekt der vatikanischen Glaubenskongregation und später als Papst

Benedikt XVI. acht Jahre Oberhaupt der katholischen Weltkirche, interpretiert die verschiedenen Menschenrechtserklärungen als „in sich stehende Werte, die aus dem Wesen des Menschseins folgen und daher für alle Inhaber dieses Wesens unantastbar sind“, und weist zugleich daraufhin, dass die Evidenz dieser Werte heute keineswegs in allen Kulturen anerkannt sei. Der Islam habe seinen eigenen, vom westlichen abweichenden, Katalog der Menschenrechte definiert und China stelle unbeschadet seiner im westlichen Kulturkreis entstandenen marxistischen Grundauffassungen immer häufiger die Frage, ob es sich bei den Menschenrechten nicht um eine typisch westliche Vorstellung handele, die für die eigene Gesellschaft und ihre Kultur hinterfragt werden müsse.

Es ist – wie ich glaube – für den zeitgenössischen Diskurs über die Grundlagen einer modernen freiheitlichen Gesellschaft von kaum zu überschätzender Bedeutung, dass so herausragende und gleichzeitig so unterschiedliche Repräsentanten der Philosophie und der Theologie wie Habermas und Ratzinger von der Kultur des christlichen Glaubens wie der Kultur der säkularen Rationalität als den „beiden großen Kulturen des Westens“ sprechen. Wobei ausgerechnet der spätere Papst deren faktische Nichtuniversalität betont. Unsere säkulare Rationalität ist eben nicht einfach weltweit gleichermaßen evident. „Ihre Evidenz“, schreibt Papst Benedikt, „ist faktisch an bestimmte kulturelle Kontexte gebunden, und sie muss anerkennen, dass sie als solche nicht in der ganzen Menschheit nachvollziehbar und daher in ihr auch nicht im Ganzen operativ sein kann. Mit anderen Worten, die rationale oder die ethische oder die religiöse Weltformel, auf die alle sich einigen, und die dann das Ganze tragen könnte, gibt es nicht. Jedenfalls ist sie gegenwärtig unerreichbar.“[4]

Im Lichte dieser Einsichten ist die öffentliche Debatte in Deutschland über die normativen Grundlagen unseres demokratischen Staates und seiner Verfassungsordnung auffällig mutlos und lustlos allemal. Sie hat jahrelang schlicht nicht stattgefunden, und wenn überhaupt, wurde für die Verweigerung der Debatte eine theoretische Überhöhung gesucht und gefunden. Der Ersatz für diese Debatte war die Aufforderung zum Dialog der Kulturen, die vielleicht auch deswegen so populär geworden ist, weil viele damit das Missverständnis verbinden, die Aufforderung zum Dialog ersetze den eigenen Standpunkt. Tatsächlich setzt ein Dialog der Kulturen eine Kultur des Dialogs voraus – und die Mindestvoraussetzung eines Dialogs ist erstens der eigene Standpunkt und zweitens die Toleranz für den anderen.

Der Staat lebt von Voraussetzungen, die er selbst nicht garantieren kann

Das Spannungsverhältnis von Religion und Politik ist beinahe so alt wie die Menschheitsgeschichte. Kirchen und Staat sind seit Jahrhunderten vielfältig miteinander verbunden und in modernen, demokratischen Verfassungen zugleich deutlich voneinander getrennt. Deshalb kommt es nach den Erfahrungen der Reformation und den Errungenschaften der Aufklärung weniger darauf an, etwas Neues herauszufinden, sondern es geht eher darum, gefestigte Einsichten in einer Weise zu ordnen und zu praktischen Schlussfolgerungen zu führen, die zu selten stattfinden bzw. zu oft verdrängt werden. Die Ausgangsfrage könnte lauten: Wie viel Religion erträgt eine moderne, aufgeklärte, liberale Gesellschaft? Die nach meinem Verständnis sofort dazugehörige Frage lautet: Wie viel Religion braucht ein demokratisch verfasster Staat? Beide Fragen sind ebenso schwierig wie wichtig. Auf den ersten Blick schließen sie sich beinahe aus, bei sorgfälti-

ger Betrachtung aber sind sie unabhängig voneinander nicht zu beantworten.
Politik und Religion sind zwei unterschiedlich bedeutende, formell oder informell mächtige, rechtlich oder faktisch bindende Gestaltungsansprüche gegenüber einer Gesellschaft und ihren Mitgliedern. Sie können einander nicht gleichgültig sein, aber sie sind gewiss nicht identisch. Die Unterschiede zwischen diesen beiden Gestaltungsansprüchen sind nicht weniger bedeutsam als die Gemeinsamkeiten.
Religionen handeln von Wahrheiten, Politik von Interessen. Das eine ist so zentral wie das andere, und beides ist offenkundig grundverschieden. Zu den Ergebnissen – gewiss auch zu den Errungenschaften – unserer aufgeklärten Zivilisation gehört die Einsicht in die Aussichtslosigkeit einer abschließenden Beantwortung der Wahrheitsfrage. Diese Einsicht macht Politik nötig und Demokratie möglich. Auf der Basis absoluter Wahrheitsansprüche ist Demokratie als Legitimation von Normen durch Verfahrensregeln gar nicht möglich. Demokratie setzt die Trennung von Religion und Politik voraus, die es allerdings ohne religiös vermittelte

Überzeugungen von der Unantastbarkeit der Würde jedes einzelnen Menschen gar nicht gäbe, was wiederum die Komplexität von Zusammenhängen und Unterscheidungen verdeutlicht.
Der legitime Gestaltungsanspruch der Politik wird in der Regel durch Verfassungen definiert, die ihrerseits Ausdruck der Überzeugungen, Orientierungen und Prinzipien sind, die in einer Gesellschaft Geltung beanspruchen. Es gehört zu den vielen, leider weit verbreiteten Missverständnissen unserer Zeit, dass das, was früher einmal die gefestigte gemeinsame kulturelle Überzeugung einer Gesellschaft war, heute von Verfassungen abgelöst sei. Man brauche das eine nicht mehr, weil es jetzt das andere gäbe, und das, was in einer Gesellschaft Geltung habe, sei, werde und müsse abschließend in einer Verfassung niedergeschrieben sein. Das ist sicher nicht falsch, unterschlägt aber, dass Verfassungen nie Ersatz für, sondern immer Ausdruck von Überzeugungen sind, die in einer Gesellschaft Geltung beanspruchen. Jeder gründliche Blick auf moderne wie auf traditionelle Gesellschaften kommt zu dem Befund, dass der innere Zusammenhalt einer Gesellschaft durch Kultur gestiftet wird. Märkte halten Gesellschaften

nicht zusammen, Geld schon gar nicht, auch Politik nicht. Politik auch nicht im Sinne eines rechtlich verbindlichen Regelsystems, denn dieses Regelsystem entfaltet seine Plausibilität wiederum nur aus den Kontexten, die ihrerseits nicht politisch, sondern kulturell sind. Unter diesem Gesichtspunkt ist der Unterschied zwischen traditionellen und modernen Gesellschaften nicht ganz so fundamental, wie gelegentlich behauptet wird. Inneren Zusammenhalt stiften kulturelle Überzeugungen. Oder umgekehrt: Wenn dieses Mindestmaß an kulturellen Gemeinsamkeiten verloren geht, erodiert der Zusammenhalt einer Gesellschaft.

Fast jeder kennt die berühmte, immer wieder zitierte Bemerkung von Ernst-Wolfgang Böckenförde, dem langjährigen Mitglied des Bundesverfassungsgerichts, von der bedauerlicherweise meist nur der erste Satz zitiert wird: „Der freiheitliche säkularisierte Staat lebt von Voraussetzungen, die er selbst nicht garantieren kann.“ Diese fundamentale Einsicht bestätigt den eben angesprochenen Zusammenhang. Böckenförde fährt fort: „Das ist das große Wagnis, das er, um der Freiheit willen, eingegangen ist. Als freiheitlicher Staat kann er einerseits nur bestehen, wenn sich die Freiheit, die er seinen Bürgern gewährt, von innen her, aus der moralischen Substanz des Einzelnen und der Homogenität der Gesellschaft reguliert. Andererseits kann er diese inneren Regulierungskräfte nicht von sich aus, das heißt mit den Mitteln des Rechtszwanges und autoritativen Gebots zu garantieren versuchen, ohne seine Freiheitlichkeit aufzugeben und – auf säkularisierter Ebene – in jenen Totalitätsanspruch zurückzufallen, aus dem er in den konfessionellen Bürgerkriegen herausgeführt hat."[5] Das ist der kühne Versuch Böckenfördes, in zwei Sätzen 500 Jahre Religions- und Zivilisationsgeschichte zusammenzufassen. In diesem erweiterten Zusammenhang ist mehr Explosivstoff als in dem längst kanonisierten Eingangssatz, der keinen Streit mehr auslöst, weil alle andächtig nicken und sagen: Ja, so ähnlich ist es wohl.

Für die allgemeine Behauptung, dass der innere Zusammenhalt jeder Gesellschaft nicht durch Politik, schon gar nicht durch Wirtschaft, sondern durch Kultur gestiftet wird – Kultur verstanden als die Summe der gemeinsamen Erfahrungen, Orientierungen und Überzeugungen –, und dass

Verfassungen nie Ersatz für, sondern immer Ausdruck von kulturellen Überzeugungen einer Gesellschaft sind, dafür ist das Grundgesetz ein besonders prominentes, prägnantes, schwer überbietbares Beispiel.

Das Grundgesetz ist von der Präambel über den Katalog der Grundrechte ein hoch ideologischer, tief religiös geprägter Text mit einer Reihe normativer Ansprüche für die Gestaltung einer modernen Gesellschaft. Bereits das in der Präambel reklamierte „Bewusstsein der Verantwortung vor Gott und den Menschen“ muss nicht in einer Verfassung stehen – und markiert gerade dadurch ihr Selbstverständnis. Und dass der erste und nach Übereinstimmung aller Verfassungsexegeten auch zentrale Satz unserer Verfassung, „Die Würde des Menschen ist unantastbar“, nicht einen empirisch gesicherten Sachverhalt wiedergibt, sondern wenn überhaupt, dann aus der entgegengesetzten Erfahrung eine Norm herleitet, begründet eine der erstaunlichsten, eindrucksvollsten und spektakulärsten Verfassungsversionen, die wir überhaupt kennen. Würden Verfassungen nicht überzeugen wollen, sondern nur Erfahrungen wiedergeben, müsste der Satz eigentlich lauten: „Die Würde des Menschen ist antastbar“ – der Nachweis ist nirgendwo gründlicher geführt worden als in unserer Geschichte. Weil wir jedoch wissen, dass es genau so war, erklären wir in unserer Verfassung, dass es umgekehrt sein muss.

Der religiöse Subtext der unantastbaren Menschenwürde ist wohl auch der Grund, warum Habermas spätestens seit seiner berühmten Dankesrede bei der Verleihung des Friedenspreises des Deutschen Buchhandels (2001) immer wieder auf die Bedeutung von religiösen Überzeugungen für das Selbstverständnis und die innere Stabilität moderner Gesellschaften verweist. In seiner Aufsatzsammlung „Zwischen Naturalismus und Religion. Philosophische Aufsätze“ schreibt er: „Religiöse Glaubensüberlieferungen und religiöse Glaubensgemeinschaften haben seit der Zeitenwende von 1989/90 eine neue und bis dahin nicht erwartete politische Bedeutung gewonnen.“[6] Er hält fest, dass die Bedeutung der Religion und ihre politische Inanspruchnahme auf der ganzen Welt gewachsen seien. Deshalb erscheine welthistorisch betrachtet Max Webers okzidentaler Rationalismus als der eigentliche Sonderweg. So gelangt er zu der für manche erstaunlichen Schlussfolgerung: „Der liberale Staat darf die gebotene institutionelle Trennung von Religion und Politik nicht in eine unzumutbare mentale und psychologische Bürde für seine religiösen Bürger verwandeln." Allerdings müsse er von ihnen die Anerkennung des Prinzips der weltanschaulich neutralen Herrschaftsausübung erwarten: „Jeder muss wissen und akzeptieren, dass jenseits der institutionellen Schwelle, die die informelle Öffentlichkeit von Parlamenten, Gerichten, Ministerien und Verwaltungen trennt, und zu der er in diesem Zusammenhang eben auch Religion und Kirchen, aber ebenso Überzeugungen rechnet, nur säkulare Gründe zählen." Das gleicht einem intellektuellen Spagat auf dem Hochtrapez. Aber genau da befinden wir uns gewissermaßen, kultur- und zivilisationsgeschichtlich betrachtet: Wir haben eine Trennung von Politik und Religion vorgenommen, die wir für unaufgebbar halten und die es ohne jene Kulturgeschichte gar nicht gäbe, die dieser Trennung vorausgegangen ist; eine Trennung, deren Relevanz und Stabilität ohne die Lebendigkeit dieser kulturellen Zusammenhänge

auch schwerlich zu erklären ist. Gerade unter diesem Gesichtspunkt wirkt die souveräne Schlussfolgerung eines religiös ungebundenen Beobachters und Kommentators wie Jürgen Habermas umso nachdrücklicher, dass auch und gerade der säkulare Staat sich den genannten Quellen der Sinnstiftung nicht versperren darf. Es gehört wenig Mut zu der Prognose, dass die Verfassungen die Stabilität einer politischen Ordnung ganz sicher nicht mehr garantieren könnten, wenn diese Überzeugungen, die sie formulieren, verloren gegangen wären.
Aus westlicher Perspektive erscheint die Säkularisierung als der unvermeidliche Preis der Moderne. Tatsächlich gehören rund achtzig Prozent der heute auf diesem Globus lebenden Menschen einer Religionsgemeinschaft an. Weltweit sind die Religionen nie aus der Politik verschwunden. Wir erleben vielmehr nicht nur eine erstaunliche globale Revitalisierung der Bedeutung von Religionen im öffentlichen Raum. Wir erleben auch eine bemerkenswerte, teilweise erschreckende Politisierung und Instrumentalisierung von Religion mit fundamentalistischen Ansprüchen. Wir haben es heute also mindestens mit zwei sehr unterschiedlichen

Formen von Religiosität in Zeiten der Globalisierung zu tun: Die eine ist die persönliche Religiosität im Rahmen respektierter rechtsstaatlicher Demokratie als ein geschützter Raum persönlicher Entfaltung, und das andere ist die politisierte Religion mit fundamentalistischen Machtansprüchen, die inzwischen eine bemerkenswerte Verbreitung weltweit erreicht hat.

In diesem Zusammenhang will ich auf ein Dilemma aufmerksam machen, das sich zunehmend dort auftut, wo die Revitalisierung von Religion im öffentlichen Raum mit dem gleichzeitigen Anspruch auf Liberalisierung und Demokratisierung traditioneller Gesellschaften verbunden ist. Nicht erstmals, aber besonders deutlich im sogenannten „Arabischen Frühling" – der zunächst in Tunesien, dann in Ägypten und schließlich mit einer scheinbar unwiderstehlichen Kettenreaktion in den nordafrikanischen arabischen Staaten einsetzenden Entwicklung – ist fast paradigmatisch das Dilemma deutlich geworden, das sich aus dem absoluten Wahrheitsanspruch von Religion einerseits und dem Liberalisierungsanspruch mit dem Ziel der Etablierung demokratischer statt autoritärer Strukturen andererseits ergibt, das aber nur dann gelöst werden kann, wenn niemand Wahrheitsansprüche als Legitimation für sein Handeln reklamieren darf. Dies hat eine Reihe von durchaus ernst zu nehmenden Persönlichkeiten in dieser Region, die persönlich von der Notwendigkeit und Möglichkeit einer Liberalisierung ihrer eigenen Gesellschaft überzeugt sind, in einen schwer lösbaren Konflikt geführt. Durch die Wahlerfolge der eigenen Partei sind sie mit Erwartungen der eigenen Anhänger konfrontiert, die das genaue Gegenteil als Ergebnis der Demokratisierungsprozesse fordern, nämlich die Etablierung des Islam als Staatsreligion. Damit verbunden ist dann die Verweigerung einer Unterscheidung zwischen staatlicher und religiöser Normsetzung und die Forderung nach unmittelbarer Geltung religiös begründeter Wahrheitsansprüche als staatliches Recht.

Mein Eindruck ist, dass wir es gegenwärtig mit zwei großen, ähnlich weit verbreiteten Missverständnissen zum Verhältnis von Politik und Religion zu tun haben. Das eine ist die Anmaßung, religiöse Glaubensüberzeugungen für unmittelbar geltendes Recht zu nehmen und im wörtlichen wie im übertragenen Sinne dann auch zu exekutieren. Das andere ist die Arroganz, freundlicher formuliert die Leichtfertigkeit, religiöse Überzeugung für überholt, belanglos oder irrelevant zu erklären. Der zweite Irrtum ist kaum weniger gefährlich als der erste. Er ist in unseren Breitengraden weiter verbreitet als der erste und nicht wenige, auch namhafte Intellektuelle haben sich in der guten Absicht der Zurückweisung des ersten Irrtums an der Verbreitung des zweiten Irrtums tatkräftig beteiligt. Religion ist aber nicht belanglos, ganz sicher nicht irrelevant. Aus der richtigen Zurückweisung fundamentalistischer Ansprüche darf nicht die Irrelevanz religiöser Überzeugungen geschlussfolgert werden, weil auch und gerade der aufgeklärte liberale Staat auf religiöse Bezüge nicht verzichten kann und darf.

Staatliche wie kirchliche Institutionen verlieren das Vertrauen, auf das sie angewiesen sind

Mit Blick auf die nachlassende Bindungskraft von staatlichen wie kirchlichen Institutionen gibt es einige interessante Parallelen, die nach meinem Eindruck die Kirchen gerne bei der Politik wahrnehmen und die Politik gerne bei den Kirchen, beide aber ungern bei sich selber. In der Gesellschaft, in der wir in Deutschland heute leben, gehört noch eine Mehrheit der Menschen einer Religionsgemeinschaft an, keine fünfzig Prozent davon mehr den beiden großen christlichen Religionsgemeinschaften. Man kann, je nach Standpunkt, die nach wie vor beachtliche Mehrheit interessant finden oder die wachsende Minderheit. Belanglos ist beides nicht – und belanglos ist schon gar nicht, dass die Vermutung, diese Gesellschaft sei religiös homogen, statistisch damit gleich in doppelter Weise widerlegt ist, weil selbst unter denen, die einer Religionsgemeinschaft angehören, die Heterogenität weiter zugenommen hat und die erwartete, tradierte Homogenität verloren gegangen ist. Nun gibt es wiederum eine Reihe von Untersuchungen, die sich mit der Frage beschäftigen, wie es denn über die förmliche oder erklärte Zugehörigkeit zur Religion hinaus um die von der Religion vermittelten Glaubensüberzeugungen bestellt ist; viele meinen, wir haben es mit einer massiven Erosion von Glaubensüberzeugungen zu tun, andere wiederum verweisen auf deren erstaunliche Stabilität. Wahrscheinlich haben beide recht. Jedenfalls fällt auf, dass in einer Gesellschaft, die sich, rein statistisch gesehen, mit Blick auf religiöse Bindungen so signifikant verändert hat wie die bundesdeutsche Gesellschaft in den letzten zwanzig bis dreißig Jahren, es eine überragende Akzeptanz der Bedeutung christlicher Werte für eine moderne Gesellschaft gibt. Sämtliche Untersuchungen aus jüngerer Zeit führen zu dem Ergebnis, dass rund die Hälfte aller Befragten ausdrücklich erklären, Deutschland sei stark oder sehr stark durch das Christentum geprägt, die kulturelle Verankerung der Deutschen im Christentum reiche weit über die religiöse Bindung oder das offene Bekenntnis hinaus. Besonders ein-

schlägig wird es dann, wenn solche allgemeinen Fragen in der Weise konkretisiert werden, ob man sich beispielweise vorstellen könne, anstelle eines der zahlreichen christlichen Feiertage einen islamischen Feiertag einzuführen, um bei dem zahlenmäßigen Überangebot christlicher Feiertage für eine signifikante Minderheit ein Äquivalent zu schaffen. Hohe, stabile Mehrheiten weisen diese Vorstellung kategorisch zurück.
Dieser Befund wird in eindrucksvoller Weise durch eine dramatisch zurückgehende Kirchenbindung kontrastiert. Das heißt, diese große Gruppe von Menschen, die für sich Religion im Allgemeinen durchaus nicht für belanglos erklärt, die auch christliche Wertüberzeugungen nach wie vor für wichtig hält, hat ein erstaunlich dünnes, dürftiges, gestörtes Verhältnis zu den Institutionen, die diese Glaubensüberzeugungen verwalten: Die Kirchenbindung spielt nur noch für einen deprimierend kleinen Anteil von Gläubigen eine wesentliche Rolle, die für sich Glaubensüberzeugungen für prinzipiell bedeutend halten, während immer mehr von ihnen ausdrücklich erklären, man könne auch ohne Kirche Christ sein, das heißt, der religiöse

Glaube ist nicht notwendig an die Institution Kirche gebunden.[7]

In der Politik haben wir im Grunde einen ähnlichen Befund. Wir haben ein ganz sicher nicht rückläufiges Interesse an Politik, wir haben sogar ein deutlich messbares, mindestens reklamiertes, erweitertes Partizipationsinteresse an Politik. Nie war der Kreis der Menschen so groß wie heute, die zumindest behaupten, sie wollten an politischen Entscheidungsprozessen beteiligt werden. Wenn es dann konkret wird, dünnt sich auch das wieder erkennbar aus, aber dass es heute ein geringeres Interesse an Politik oder ein geringeres Engagement für Politik gäbe als früher, wird man schwerlich behaupten können. Zugleich ist aber nicht nur die Attraktivität von, sondern auch das Vertrauen in politische Institutionen dramatisch zurückgegangen.

Die Politik macht insofern eine ganz ähnliche Erfahrung wie die Kirchen, dass nämlich ihre jeweilige „Kundschaft" die Relevanz des Produktes ausdrücklich bestätigt, aber mit den Handelsorganisationen möglichst nichts mehr zu tun haben will. Parlamente, Regierungen, Verfassungsinstitutionen, insbesondere Parteien haben ein dramatisch niedriges Ansehen, wobei mich nicht wirklich tröstet, dass dies kein exklusiver Befund für die Politik ist, sondern ein genereller gesellschaftlicher Befund. Davon betroffen sind auch die Wirtschaft und die Unternehmen. Auch im Sport gibt es einen starken Vertrauensverlust bei unverändertem Interesse gerade in den Sportarten, deren Seriosität man nicht mehr vertraut. Natürlich sind auch die Kirchen von einem solchen Vertrauensverlust in einer beachtlichen Weise betroffen. Einer Forsa-Umfrage vom Januar 2023 zufolge haben nur noch 31 Prozent großes Vertrauen zur evangelischen Kirche und damit – anders als früher – weniger als zum Kanzler, zur Bundesregierung oder zum Deutschen Bundestag. Hinsichtlich der katholischen Kirche ist der Befund wesentlich dramatischer: Zu ihr haben noch acht Prozent großes Vertrauen. Nur Werbeagenturen und dem Islam wird weniger Vertrauen entgegengebracht.[8]

Nach meinem Eindruck reagieren sowohl die Kirchen wie die Parteien auf diesen dramatischen Vertrauensverlust und den erschreckenden Bindungsverlust ihrer jeweiligen Kundschaften mit einem ähnlichen Reflex. Die Parteien in der Weise, dass sie als Erklärung eine sogenannte Politikverdrossenheit ausgeben und die Kirchen einen angeblichen Glaubensverlust. Ich finde beides entschieden zu einfach. Zugespitzt formuliert gibt es keine Politikverdrossenheit, das ist vielmehr die Sammelbezeichnung frustrierter Verwalter politischer Institutionen für die Bindungsverweigerung der von ihnen angesprochenen Kundschaft. Auf ähnlich preiswerte Weise versuchen die Kirchen, sich über Bindungsverlust in den eigenen Reihen hinwegzumogeln, indem sie sagen, alle Behauptungen eines grundlegenden Reformbedarfs verfehlten den eigentlichen Kern des Problems: einen angeblichen Glaubensverlust. Wir müssten nur den Glauben wieder herstellen, dann komme die Bindung wieder zustande. Ich halte das bestenfalls für gut gemeint, aber weder für eine zutreffende Analyse noch für eine praktikable Strategie.

Dies führt fast folgerichtig zu einem zunehmend schwierigeren Verhältnis zwischen Kirchen und politischen Institutionen, als dies aufgrund der unterschiedlichen Aufgaben ohnehin unvermeidlich ist. Nach meinem Eindruck ist das Verhältnis zwischen Kirchen auf der einen Seite und politischen Institutionen auf der anderen Seite aber nicht einmal wirklich gestört. Es ist vielmehr durch eine merkwürdige Mischung aus Sprachlosigkeit, Kommunikationsverweigerung, Patronage und wechselseitiger Bevormundung belastet. Fast überall da, wo es darauf ankäme, dass diese Kommunikation möglichst eng und möglichst souverän stattfindet, lassen sich die Störfälle beobachten: Schwangerschaftskonfliktregelung, Präimplantationsdiagnostik, Beschneidung, Kopftücher, Kruzifixe im öffentlichen Raum usw. Es gibt eine Reihe von Fragen, bei denen der religiöse Zusammenhang offenkundig oder jedenfalls unbestreitbar ist und bei denen die einen wie die anderen sich aus ihrer jeweiligen Verantwortung gar nicht herausmogeln können, selbst wenn sie es wollten. Dennoch hat man nicht immer den Eindruck, dass die Kommunikation zwischen Politik und Kirchen reibungslos funktioniert.

Natürlich ist bei Weitem nicht jede politisch bedeutsame Frage auch ethisch schwierig oder von herausragender Bedeutung. Mein Eindruck ist allerdings, dass die ethisch relevanten Fragen in jüngerer Zeit eher zunehmen als abnehmen. Dies hat wiederum zu tun mit dem Fortschritt von Wissenschaft und Medizin, demgegenüber sich sowohl die Politik wie die Kirchen als Adressaten sehen, die auf die damit verbundenen Veränderungen reagieren müssen. Ein objektiver Regelungsbedarf ergibt sich allein durch die breite gesellschaftliche Einsicht, dass keineswegs alles, was möglich ist, auch erlaubt sein müsse. Aber jenseits dieser allgemeinen Einsicht, für die wir stabile hohe Mehrheiten haben, teilt sich die Gesellschaft in viele unterschiedliche Gruppen, sobald aus der allgemeinen Einsicht heraus die konkrete Frage beantwortet werden muss, was nicht erlaubt sein solle und wer wo welche Grenze zu ziehen habe. An dieser Stelle wird die längst verloren gegangene Homogenität in unserer Gesellschaft, auch was die kulturelle Identität betrifft, ganz besonders offenkundig. Insofern ist es übrigens eher ermutigend, dass es bei einem jahrhundertealten religiösen Ritual wie der Beschneidung, um einen konkreten Streitfall aus der jüngeren Vergangenheit zu nehmen, vergleichsweise schnell gelang, in der politischen Klasse eine breite Mehrheit für eine Regelung herbeizuführen, die einen religiös

begründeten Anspruch in einer säkular verfassten Gesellschaft durchsetzbar macht.
Papst Benedikt XVI. hat in seiner denkwürdigen Rede vor dem Deutschen Bundestag nicht nur seinerseits die Ambivalenz zwischen Wahrheitsansprüchen und Interessenausgleich angesprochen, die unter dem Gesichtspunkt der, wie er betont, zentralen Aufgabenstellung jedes Staates, Gerechtigkeit zu ermöglichen, eine nie rundum einlösbare Aufgabenstellung darstellt, sondern er hat auch von den grundlegenden anthropologischen Fragen gesprochen und dies mit dem Hinweis verbunden: „Was in Bezug auf die grundlegenden anthropologischen Fragen das Rechte ist und geltendes Recht werden kann, liegt heute keineswegs einfach zutage. Die Frage, wie man das wahrhaft Rechte erkennen und so der Gerechtigkeit in der Gesetzgebung dienen kann, war nie einfach zu beantworten. Und sie ist heute in der Fülle unseres Wissens und unseres Könnens noch sehr viel schwieriger geworden.“[9] Da kann es nicht überraschen, dass es nicht nur kirchlich ungebundene Politiker ärgert, wenn Bischöfe sie regelmäßig mit der umgekehrten Attitüde adressieren, wonach doch selbst bei

den komplexesten Fragen die ethisch einzig richtige Lösung offenkundig sei, die aber von der Politik in einer Mischung aus Höflichkeit, Ignoranz und Arroganz verweigert werde – was wiederum jenen *circulus vitiosus* der Sprachlosigkeit und der Kommunikationsverweigerung dauerhaft in Gang setzt, von dem bereits die Rede war.

Wir leben längst nicht mehr in einer homogenen Gesellschaft, und es gibt keine erkennbare Aussicht, dass diese wieder hergestellt werden könnte, schon gar nicht, dass wir bereit wären, den Preis dafür zu zahlen, unter dem sie alleine wieder hergestellt werden könnte. Deswegen müssen wir uns auf der einen Seite mit der Unvermeidlichkeit des Abschieds von einer kulturell homogenen Gesellschaft anfreunden und gleichzeitig das Missverständnis der Beliebigkeit vermeiden, als bedeute Multikulturalität, dass nichts mehr wirklich gelte. Wir müssen uns auch, was offenkundig in Deutschland noch schwerer fällt als anderswo, ganz ruhig und nüchtern mit der lebenswirklichen Erfahrung auseinandersetzen, dass ohne ein Mindestmaß von Einheit Vielfalt nicht zu ertragen ist. Dies hat interessanterweise einen bekennenden Muslim wie

Navid Kermani zu der erstaunlichen Schlussfolgerung veranlasst, die Grundrechte als Menschenrechte nicht nur als Errungenschaft der westlichen, christlich geprägten Zivilisation, sondern als universale Menschenrechte offensiv einzufordern. An dieser Stelle, sagt Kermani, darf eine liberale Gesellschaft nicht verhandlungsfähig sein. Das, so Kermani, müsse man mindestens unter einer „demokratischen Leitkultur"[10] begreifen dürfen.

Aus den genannten Gründen plädiere ich für eine sorgfältige Trennung und zugleich für eine intelligente Verbindung von Politik und Religion, von Glauben und Handeln. Natürlich ist Religion zunächst eine reine Privatangelegenheit, aber sie hat immer auch gesellschaftliche Bedeutung. Sie muss nach ihrem Selbstverständnis mehr sein als eine reine Privatangelegenheit, und sie ist es nach allen historischen Erfahrungen, die nicht nur wir, sondern auch andere Gesellschaften gemacht haben, auch immer gewesen. Diesseits und jenseits Europas haben wir inzwischen viele eindrucksvolle, in der Regel eher abschreckende Beispiele dafür, dass die demonstrative Absage an religiöse Orientierungen eine Gesellschaft weder moderner noch hu-

maner macht. Das Spannungsverhältnis zwischen Politik und Religion mag lästig sein, aber es ist ebenso unvermeidbar wie unverzichtbar.
Wie viel Religion erträgt eine aufgeklärte liberale Gesellschaft? Mindestens so viel, wie eine demokratisch verfasste Gesellschaft im Interesse ihrer Selbsterhaltung braucht.

Toleranz und Freiheit sind Geschwister

Spätestens seit der Aufklärung ist Toleranz ein zentrales Postulat moderner, zunehmend multikultureller Gesellschaften. Auf den ersten Blick scheint das Thema nicht schwierig. Fast jeder hat eine Vorstellung davon, was Toleranz bedeutet, und teilt die Einsicht, dass Toleranz geboten oder jedenfalls – wie man zu sagen pflegt – „zu üben" ist. In der Lebenswirklichkeit ist es viel komplizierter: Jede konkrete Situation ist anders, die beteiligten Personen wie die Sachverhalte und die wechselseitigen Erwartungen auch. Toleranz ist unter jedem Gesichtspunkt eine zutiefst humane Gabe und Aufgabe. Es gibt sie nur unter Menschen – wenn auch nicht genug. In der Natur dominieren Instinkte und Reflexe, dort gibt es keine Toleranz.

Fragt man „Google", was man sich unter Toleranz vorzustellen habe, werden dort weit über dreißig Millionen Ergebnisse angezeigt. Dies ist allein ein starker Hinweis darauf, dass weder der Begriff un-

missverständlich und eindeutig ist noch die damit verbundenen Sachverhalte.
In die deutsche Sprache wurde der lateinische Begriff der „tolerantia" von Martin Luther als „Tollerantz" übertragen und eingeführt. Im römischen Sprachgebrauch umschrieb „tolerantia" die individuelle Tugend des Ertragens von Unrecht, Leid, Schmerzen, Schicksalsschlägen oder Naturkatastrophen. Diese Bedeutung wurde von den frühen Kirchenvätern unter dem Eindruck der Christenverfolgung als göttliche Gabe überhöht, die die Christen zur standhaften Erduldung von Verfolgung und Tod befähigt.
Zum anderen und noch wichtiger für die intensive Auseinandersetzung mit dem Begriff und Thema ist die historische Erfahrung. Toleranz ist nicht das herausragende Merkmal der Kirchengeschichte, weder vor der Reformation noch danach. Die dunklen Schatten oft brutaler Intoleranz begleiten die Kirchengeschichte durch die Jahrhunderte: Inquisition, Hexenprozesse, Ketzerverbrennungen und Glaubenskriege. Ein fundamentalistisch missverstandener, dogmatisch verkürzter Glaube ließ der Vernunft keinen Raum, oft nicht einmal der Barmherzigkeit.

Auch die Entdeckung der Freiheit des Christenmenschen, eine der großen Errungenschaften der Reformation, hat damals nicht zugleich auch die Glaubensfreiheit gemeint und schon gar nicht akzeptiert. Auch Martin Luther ist insofern ein mittelalterlich geprägter Mensch gewesen, der sich nicht vorstellen konnte, dass unterschiedliche Wahrheits- und Glaubensvorstellungen nebeneinander bestehen können. Der Augsburger Religionsfrieden von 1555 mit der Vereinbarung, dass derjenige Glaube für alle Menschen gelten solle, der vom jeweiligen Herrscherhaus eines Gebietes übernommen wurde („cuius regio, eius religio"), war eine friedensstiftende Maßnahme lediglich unter der zutiefst intoleranten Voraussetzung, dass in einem Staatsgebiet nicht verschiedene Glaubensweisen nebeneinander leben und ausgeübt werden können.
Religionen haben ein ambivalentes Verhältnis zur Toleranz. In der Lehre vermitteln sie Toleranz, in der Praxis verweigern sie diese allzu oft – nach innen wie nach außen. Erst mit der Aufklärung im 18. Jahrhundert, die ihre wesentlichen Einsichten weitgehend gegen den erbitterten Widerstand der Kirchen durchsetzen musste, wurde die Freiheit des

Christenmenschen als individuelle Freiheit des Bürgers im Staat, gegenüber dem Staat und auch gegenüber den Kirchen reklamiert und durchgesetzt. Die Einsicht der Aufklärung in die Aussichtslosigkeit einer abschließenden Beantwortung der Wahrheitsfrage hat Demokratie nötig und möglich gemacht. Ihre Folge war die Trennung von Politik und Religion als zwei eigenständige Verantwortungsbereiche. Das spätere Missverständnis, beide Bereiche sollten oder dürften möglichst nichts miteinander zu tun haben, ist freilich ein nicht geringerer Irrtum als die jahrhundertealte Vorstellung, das eine dürfe von dem anderen nicht unterschieden werden.

Unter den Bedingungen eines aufgeklärten modernen Staats- und Gesellschaftsverständnisses sind Toleranz und Freiheit Geschwister. Die Toleranz ist gewissermaßen der größere Bruder der Freiheit, die ohne die Bereitschaft zur Toleranz jedenfalls keine allgemeine Freiheit sein kann, sondern bestenfalls die zum Standard erhobene Umsetzung von Freiheitsvorstellungen, die für allgemein und zugleich für verbindlich erklärt werden. Wer individuelle Freiheit für alle will, muss zur Toleranz bereit und in der Lage sein – oder er muss auf Freiheit verzichten.

Die Legitimation von Entscheidungen im demokratischen Rechtsstaat durch Mehrheitsvoten hat immer wieder, bis in die Gegenwart hinein, zu dem Missverständnis geführt, die Mehrheit sei Nachweis der Richtigkeit der jeweiligen Meinung. Das Gegenteil ist richtig. Wäre die Richtigkeit offenkundig oder nachweisbar gewesen, hätte eine Abstimmung nicht stattfinden müssen. Jede Mehrheitsentscheidung hat zur logischen Voraussetzung, dass keine Wahrheitsansprüche erhoben und schon gar keine Richtigkeitsnachweise geführt werden können. Dies gilt im Übrigen in aktuellen Bezügen für das Bürgergeld wie für das Ehegattensplitting, die Höhe des Rentenalters wie die sozialer Leistungsansprüche, es gilt für Bundeswehreinsätze im Ausland, für Waffenlieferungen in die Ukraine oder Umfang und Bedingungen der Migration und Integration bis hin zu Entscheidungen über Neubauprojekte für Bahnhöfe oder Flughäfen. In allen diesen Fällen geht es weder um Richtigkeits- noch um Wahrheitsansprüche, sondern um notwendige Entscheidungen unter legitimen Alternativen, über die durch Mehrheit entschieden wird. Durch die Mehrheitsentscheidung werden sie rechtlich verbindlich, aber nicht notwendigerweise richtig. Sie gelten folgerichtig so lange, bis neue Mehrheiten anderes beschließen.

Wo beginnt Toleranz und wo hört sie auf? Toleranz beginnt immer mit der Erfahrung des anderen, des anderen Menschen, seiner jeweils besonderen Eigenart, seiner Veranlagungen, seiner Interessen, seiner Auffassungen und Meinungen, seiner Ziele und Bedürfnisse. Toleranz ist nicht die schlichte Kenntnis und Kenntnisnahme, dass es so ist, und mehr als die Duldung des anderen, weil es sich ohnehin nicht verändern oder vermeiden lässt. Toleranz ist Akzeptanz des anderen, die Bereitschaft zu verstehen, warum es so ist, wie es ist, sich darauf einzulassen und es möglich werden zu lassen.

Toleranz darf freilich nicht die Legitimation für Rücksichtslosigkeit sein. Die Grenzen der Toleranz sind spätestens dann erreicht, wenn es um Anwendung oder Androhung von Gewalt geht, um Terror, auch Gesinnungsterror, um Diskriminierung oder Privilegierung.

Jede selbstkritische Befassung mit den Ansprüchen und Herausforderungen der Toleranz muss zu der Einsicht führen, dass die Großzügigkeit gegenüber eigenen Versuchungen, Gewohnheiten und Eigenheiten regelmäßig ausgeprägter ist als gegenüber anderen bei gleichen oder ähnlichen Sachverhalten.

Nicht alles, was sich als Toleranz ausgibt, genügt höheren Ansprüchen. Die Frage ist durchaus erlaubt, ob zum Beispiel das bei engagierten Gemeindemitgliedern populäre Kirchenasyl nicht auch eine bequeme Geste der Humanität und Toleranz ist, weil sie den Protest gegenüber dem Staat wegen verweigerter Aufenthaltsgenehmigung für Flüchtlinge oder Migranten mit dem gleichzeitigen Rückzug aus der persönlichen Verantwortung verbindet, weil man die Menschen, um deren Aufenthalt es geht, eben doch in den eigenen vier Wänden selber nicht unterbringen kann oder will.

Toleranz ist nicht immer und überall weise, sie kann auch dumm sein, blind, bequem, leichtfertig, gefährlich und manchmal lebensgefährlich. Deshalb ist es im Namen der Toleranz erlaubt und manchmal dringend geboten, Intoleranz nicht zu tolerieren.

Heute, in Zeiten der Globalisierung, ist der Dialog der Religionen und Kulturen der Welt nicht weniger wichtig und ähnlich schwierig wie die Begeg-

nung der Christen unterschiedlicher Konfessionen nach der Reformation, zumal die Religion im Unterschied zur Politik auf Wahrheitsansprüche nicht verzichten will und kann.
Dem bedeutenden islamischen Mystiker Rumi wird ein Satz zugeschrieben, der in einer kaum überbietbaren Prägnanz verdeutlicht, worum es geht bei dieser gemeinsamen Aufgabe aller Menschen in der Welt von heute und im notwendigen Dialog der Gläubigen wie Ungläubigen miteinander: „Draußen hinter den Ideen von rechtem und falschem Tun kommt ein Acker. Wir treffen uns dort. Das ist die ganze Aufgabe. Aber um die zu erledigen, bedarf es zweier Voraussetzungen: Erstens muss man sich treffen wollen und zweitens muss man den Acker tatsächlich bearbeiten."
Man muss sich treffen. Man muss sich bemühen. Und vor allem: Man muss es wollen.

Kirche in der Welt von heute

Zum Vertrauensverlust der Kirchen ist längst alles Notwendige gesagt; ständige Wiederholungen allzu berechtigter Klagen und Beschwerden führen offensichtlich weder zu den überfälligen Veränderungen in der Kirche noch zu einer Verbesserung ihres Ansehens bei resignierenden Gläubigen wie einer ehemals breiten, inzwischen immer weniger interessierten Öffentlichkeit.
Seit Jahrhunderten ist das Selbstverständnis der katholischen Kirche durch eine theologisch überhöhte Privilegierung des Klerus und eine in der pastoralen Praxis zentralen, aber nie wirklich ernst genommenen Rolle der Laien gekennzeichnet. Seit Jahrzehnten lebt die Funktionsfähigkeit der Gemeinden vom unauffälligen, aber unverzichtbaren Einsatz von Laien, insbesondere von Frauen, deren Bedeutung für das Kirchenleben in geradezu demütigender Weise ignoriert wird. Jedenfalls ist einer Institution, der nun auch in dramatischem Umfang der Nachwuchs für ihre privilegierten

Funktionsträger ausgeht und die zugleich das Angebot qualifizierter Laien zu gleichwertigem kirchlichen Dienst zurückweist, nicht zu helfen.
Hans Maier, der frühere Präsident des Zentralkomitees der Katholiken und langjährige bayrische Staatsminister für Kultur und Wissenschaften, hat dazu schon vor Jahren die kluge Bemerkung gemacht: „Zivilisationen sind sterblich, Kirchen auch.“[11] Und er hat hinzugefügt: „Nichts lässt sich auf die Dauer schützen und konservieren, wenn Geist und Leben schwächer werden und absterben. Lebendig bleibt nur, was bei den Menschen Wurzeln geschlagen hat und fortbesteht.“ Tatsächlich ist schon seit einigen Jahren unübersehbar, wie sehr die Frage der Autorität der Kirche in Zeiten dramatischer Veränderung auch von ihrer Fähigkeit und Bereitschaft abhängt, sich auf die Herausforderungen und Fragen dieser Welt einzulassen und einzustellen. Mit anderen Worten: Ihre Akzeptanz hängt von der Bereitschaft und Fähigkeit ab, Neues wahrzunehmen und sich darauf einzulassen. Das führt in die Nähe der Frage, ob und was durch synodale Verfassungen, durch Partizipationsformen auch und gerade im Umfeld von Kirchen und

damit im Umfeld von religiösen Überzeugungen geleistet werden kann.
In diesem Zusammenhang sei wieder einmal an die vom Zweiten Vatikanischen Konzil (1962–1965) formulierte Dogmatische Konstitution über die Kirche „Lumen gentium“ erinnert, in der das Apostolat der Laien als Teilhaberinnen und Teilhaber an der Heilssendung der Kirche ausdrücklich bekräftigt wird. Dort heißt es: „Die geweihten Hirten aber sollen die Würde und Verantwortung der Laien in der Kirche anerkennen und fördern. Sie sollen gern deren klugen Rat benutzen, ihnen vertrauensvoll Aufgaben im Dienst der Kirche übertragen und ihnen Freiheit und Raum im Handeln lassen, ihnen auch Mut machen, aus eigener Initiative Werke in Angriff zu nehmen. […] Sie können mit Hilfe der Erfahrung der Laien in geistlichen wie in weltlichen Dingen genauer und besser urteilen.“[12]
Als Katholik habe ich nicht den Eindruck, dass die Alltagspraxis meiner Kirche von dieser Überzeugung wirklich geprägt ist, die vor mehr als fünfzig Jahren in jener Konstitution formuliert worden ist. Auch nicht von dem Hinweis des amtierenden Papstes Franziskus: „Die Laien sind schlicht die

riesige Mehrheit des Gottesvolkes. In ihrem Dienst steht eine Minderheit: die geweihten Amtsträger."[13] Sichtbare Spuren haben der ältere wie der neuere Text jedenfalls in der Realität der Kirche kaum hinterlassen.

An ernsthaften Anläufen zur Mitwirkung des gläubigen Gottesvolkes an der Erledigung weltlicher Angelegenheiten hat es nicht gefehlt. Diese Prozesse sind von der etablierten kirchlichen Hierarchie über Jahrzehnte hinweg nicht nur nicht aufgegriffen, sondern zunächst ausgesetzt und schließlich ausgetrocknet worden. Der „Synodale Weg" ist ein überfälliger Neuanfang, der innerhalb wie außerhalb der katholischen Kirche in Deutschland mit großen Erwartungen, aber auch hartnäckigem Widerstand verbunden ist.

Partizipation als Anspruch moderner Gesellschaften

Was ist eigentlich gemeint, wenn beinahe überall in der Gesellschaft der Anspruch auf „mehr Beteiligung“ erhoben wird? Unter Partizipation versteht man ganz allgemein die aktive Beteiligung der Bürgerinnen und Bürger bei der Erledigung ihrer eigenen Angelegenheiten. Für dieses prinzipielle Verständnis der Mitwirkungsmöglichkeiten von Menschen bei der Erledigung von Dingen, die alle gemeinsam angehen, gibt es naturgemäß sehr unterschiedliche Ausprägungen. Wenn wir von politischer Partizipation reden, meinen wir die Teilhabe von Bürgerinnen und Bürgern bei der Herbeiführung politischer Entscheidungen; also solcher Entscheidungen, die mit dem Anspruch der Verbindlichkeit für alle Mitglieder einer Gesellschaft getroffen werden. Dass sich für die Erwartungen an Mitwirkungsmöglichkeiten mit Blick auf unterschiedliche Anwendungsfälle und unterschiedliche Bereiche in der Gesellschaft nicht identische Modelle anbieten, sondern differenzierte, bedarf vermutlich keiner besonderen Erläuterung. Aber wir können festhalten, dass für moderne Gesellschaften sicher davon auszugehen ist, dass die meisten Menschen erwarten, bei der Erledigung ihrer jeweils eigenen Angelegenheiten beteiligt zu werden. Das beginnt schon in der Familie, wo sich solche Mitwirkungsansprüche weder übersehen noch bestreiten lassen und wo im Übrigen auch deutlich wird, dass das nicht notwendigerweise eine gleiche Beteiligung aller an allen denkbaren Vorgängen bedeuten muss, sondern sich in begründbar unterschiedlichen Formaten und Beteiligungsmustern niederschlagen kann. Wenn wir über die vielfältige Selbstorganisation in unserer Gesellschaft, in Vereinen und Verbänden reden, in der Wirtschaft und der Arbeitswelt, in Wissenschaft und Kultur, sprechen wir über Gestaltungsräume mit jeweils bestimmten Partizipationserwartungen und Beteiligungsmöglichkeiten.

In der Welt, in der wir heute leben, können wir offensichtlich in verschiedenen Gesellschaften und deren staatlich verfasster Ordnung höchst unterschiedliche politische Partizipationsformen be-

obachten, die zum Teil extrem eng und klein und in anderen Fällen erstaunlich weitreichend sind. Demokratie, jedenfalls in unserem heutigen Verständnis, ist eine vergleichsweise junge Errungenschaft der Menschheitsgeschichte. Im Verständnis der Moderne nach der Aufklärung ist Demokratie die Vermutung der Zuständigkeit aller Staatsbürgerinnen und Staatsbürger für ihre eigenen Angelegenheiten und die organisierte, auch rechtlich einklagbare Möglichkeit ihrer Beteiligung. Dieser Anspruch auf Beteiligung an politischen Entscheidungsprozessen wird durch regelmäßige Wahlen und Abstimmungen zum Ausdruck gebracht, wobei Wahlen der Bevollmächtigung von gewählten Repräsentantinnen und Repräsentanten dienen, denen die Erledigung eigener Angelegenheiten übertragen wird, während Abstimmungen die unmittelbare Entscheidung von Sachverhalten sind.
Mit Blick auf unsere eigene Verfassungsordnung sollte nicht übersehen werden, dass wir da, wo wir durch Wahlen Vollmachten erteilen, nie volle Macht erteilen. Es gehört zu den historisch gewachsenen tiefen Überzeugungen reifer Demokratien, niemandem eine zeitlich und sachlich unbe-

schränkte Kompetenz im Sinne von Zuständigkeit zu übertragen, sondern Vollmachten zeitlich und sachlich zu begrenzen. Die Gewaltenteilung ist wie die regelmäßige befristete Vergabe von Vollmachten ein unverzichtbares Merkmal einer vitalen Demokratie.

Zu den leicht nachvollziehbaren Erfahrungen mit demokratischen Entscheidungsprozessen gehört die nicht zu bestreitende Einsicht: Demokratische Entscheidungsverfahren sind weder die schnellstmögliche Erledigung von Sachverhalten noch ein sicheres Verfahren zur Identifizierung und Durchsetzung genialer Lösungen. Oder anders formuliert: Wer sich für demokratische Partizipation und Entscheidungsverfahren entscheidet, muss wissen, dass die Prozesse komplizierter sind, länger dauern und am Ende regelmäßig nicht ideale Lösungen realisiert werden, sondern mehrheitsfähige Entscheidungen. Das wiederum erfordert fast immer Kompromisse zwischen unterschiedlichen Positionen, die sich ihrerseits meist für die idealen Lösungen halten. Die zweite, damit allerdings korrespondierende Erfahrung ist die, dass der konstruktive Streit von unterschiedlichen Erfahrungen, Einsich-

ten und Interessen in der Regel die Urteilsfähigkeit erhöht und im Ganzen die Freiheit aller an diesen Entscheidungsprozessen unmittelbar Beteiligten und der davon Betroffenen.
Demokratische Partizipationsformen kaufen gewissermaßen das eine mit dem anderen ein: Mit der Eröffnung der Mitwirkung für viele, idealerweise für alle, werden Entscheidungsprozesse komplexer, dauern länger und führen regelmäßig zu Kompromisslösungen. Auf der anderen Seite erhöht dies die Urteilsfähigkeit im jeweiligen Sachverhalt und reduziert das Fehlerrisiko. Etwas salopp ausgedrückt: Demokratisch zustande gekommene Entscheidungen sind selten genial, aber liegen auch selten völlig daneben.

Mitwirkung und Verantwortung der Laien

Bei der Diskussion über politische Partizipation spielt das Spannungsverhältnis zwischen Beteiligungserwartung auf der einen Seite und Kompetenz der Beteiligten auf der anderen Seite eine wichtige Rolle; das gilt im Übrigen auch für die kirchlichen Diskussionen und Fragen synodaler Urteilsbildung. Das Thema stellt sich in der Politik prinzipiell in einer ähnlichen Weise wie in anderen Gesellschaftsbereichen auch. Es wird in der Politik allerdings – im Unterschied zu beispielsweise dem alltäglichen Bereich – durch eine Grundeinsicht relativiert, die sich mit Blick auf Religionsgemeinschaften und Kirchen naturgemäß etwas anders stellt: die tiefe, in der Aufklärung gewissermaßen gewachsene und durchgesetzte Überzeugung, dass wir nicht wissen, was wahr ist. Niemand verfügt über letzte Wahrheiten, und weil wir nicht wissen, was wahr ist, müssen wir uns wechselseitig zubilligen, dass jeder das vertreten können darf, was er für richtig, für

wahr, für wichtig hält. Der Ausweg aus diesem Dilemma, dass wir das, was wir nicht wissen können, uns wechselseitig zubilligen müssen, ist der Griff zu Mehrheitsentscheidungen. Die sind ihrerseits wiederum kein Wahrheitstest, sondern ein Verfahren zur Herbeiführung von verbindlichen Entscheidungen, die am Ende alle akzeptieren, weil man das Verfahren als vernünftig akzeptiert und uns bisher kein klügeres eingefallen ist, um unter den Bedingungen der nichtabschließenden Beantwortbarkeit der Wahrheitsfrage gleichwohl zu verbindlichen Entscheidungen zu kommen. Das ist natürlich für die Übertragbarkeit von demokratischen Entscheidungsprozessen auf existenzielle, religiöse oder philosophische Fragen eine nicht zu unterschätzende zusätzliche Betrachtungsperspektive.
Ich will damit noch einen historischen Hinweis verbinden. Die großen Weltreligionen und Kirchen sind allesamt wesentlich älter, beständiger und prägender als die politischen Systeme. Sie messen in Jahrtausenden – politische Systeme in Jahrzehnten. Die moderne Demokratiegeschichte ist gerade mal zweihundertfünfzig Jahre alt, die Kirchengeschichte zweitausend Jahre. Aber was sich genau-

so wenig übersehen lässt, ist die Erfahrung, dass es sowohl in der politischen Geschichte wie in der Kirchengeschichte nicht nur große Errungenschaften, sondern auch große Verirrungen gegeben hat. Die zweitausendjährige Geschichte des Christentums ist nicht nur eine überwältigende Geschichte von Zeugnissen der Freiheit des Christenmenschen und der Unantastbarkeit der Menschenwürde, sie ist auch eine deprimierende Geschichte der Irrtümer, der Verfehlungen und der Verirrungen – vermeintlicher Glaubensstärke und offensichtlicher Unvernunft. Man darf nicht das eine gegen das andere ausspielen, und man löst auch keines der Probleme dadurch leichter, dass man das eine für zutreffend hält und das andere ausblendet.

Würde, Verantwortung, Förderung, Übertragung von Aufgaben, Freiheit und Raum im Handeln, Mut machen. Die eindrucksvollen Texte des Zweiten Vatikanischen Konzils wie der nationalen Synoden würden noch mehr Mut machen, wenn sie in der Realität der Kirche in den vergangenen sechs Jahrzehnten sichtbarere Spuren hinterlassen hätten. Nach meiner Überzeugung braucht die Kirche der Zukunft kluge Hirten und

eine aufgeklärte Herde, die sich ihrer eigenen Verantwortung bewusst ist und von dieser Verantwortung Gebrauch macht.
Dabei wird man sicher unterscheiden und gleichzeitig eine intelligente Verbindung herstellen müssen zwischen ethisch-moralischen Grundsatzfragen und Organisationsfragen, die es auch und gerade in einer Kirche gibt. Kirche ist nicht nur eine spirituelle Institution, sie ist auch eine Organisation mit vielen ganz praktischen Problemen und Herausforderungen. Dass für die Bewältigung solcher Organisationsfragen – von der Abgrenzung von Kirchengemeinden, ihrer Größe und ihrem Zuschnitt bis zu damit verbundenen Finanzfragen – theologische Kompetenz die herausragende Qualifikation sei, lässt sich nicht ernsthaft geltend machen. Hier geht es in aller Regel nicht um Glauben, sondern um Vernunft.[14] Es gibt umgekehrt ethisch-moralische Grundsatzfragen, für die man möglicherweise andere Partizipationsformen braucht als für die praktischen, organisatorischen Dinge, die auch mit der Lebens- und Überlebensperspektive von Kirchen- und Religionsgemeinschaften verbunden sind.

In der Pastoralkonstitution des Zweiten Vatikanums über die Kirche in der Welt von heute „Gaudium et spes“ heißt es knapp und bündig: „Zur Erfüllung dieses ihres Auftrags obliegt der Kirche allzeit die Pflicht, nach den Zeichen der Zeit zu forschen und sie im Licht des Evangeliums zu deuten. So kann sie dann in einer jeweils einer Generation angemessenen Weise auf die bleibenden Fragen der Menschen nach dem Sinn des gegenwärtigen und des zukünftigen Lebens und nach dem Verhältnis beider zueinander Antwort geben.“[15]

Der stärkste, beinahe prophetische Teil dieser Aussage ist der leicht übersehene Halbsatz: Zur Erfüllung ihres Auftrages kann sie „in einer jeweils einer Generation angemessenen Weise auf die bleibenden Fragen der Menschen […] Antwort geben“. Dies ist eine doppelte Botschaft: Die Kirche muss auf solche Fragen Antworten geben, aber sie kann es nur in einer jeweils zeitgemäßen Form.

Die Kirchengeschichte ist wie die Nationalgeschichte voll von Aufbrüchen und Gründungen, von Aufstiegen und Niedergängen. Glaube und Kirche haben stets im Wechselverhältnis mit historischen und kulturellen Entwicklungen gestanden.

Die Kirche kann ihren Auftrag, den Glauben zu bewahren, nur erfüllen, indem sie ihn der jeweiligen Zeit neu sagt. „Bewahren kann man die Überlieferung freilich nicht dadurch, dass man sie in steinerne Formeln meißelt, einfach wiederholt und neu einschärft, sondern nur dadurch, dass man den überlieferten Glauben lebendig weitergibt, ihn in neue Fragestellungen hinein übersetzt und ihn auf Zukunft hin weitertradiert.“[16]
Ganz offensichtlich hängt die Frage nach der Autorität der Kirche in diesen dramatischen Prozessen der Veränderung auch an ihrer Fähigkeit sowie ihrer Bereitschaft zur geschichtlichen Aktualisierung als Kirche Jesu Christi. Dazu gehört ganz wesentlich die Bereitschaft und die Fähigkeit, Neues wahrzunehmen und zuzulassen, das bislang noch nicht zur Entfaltung kommen konnte. „Wir bleiben als Christen unseren eigenen Überzeugungen treu, müssen sie freilich immer wieder für unser eigenes Leben vertiefen, finden so aber auch mit den Menschen anderer Religionen vieles Gemeinsame, was uns die bleibenden Unterschiede mit Respekt und Toleranz verstehen und leben lässt.“[17]

Der Reformstau in der Kirche, die hinter ihre eigenen Einsichten des Zweiten Vatikanischen Konzils zurückfällt, ist keine Glaubenskrise, sondern die erschreckende Erosion einer bedeutenden Institution, die sich selbst wichtiger nimmt als ihren Auftrag.

Die Kirche als Haupthindernis des Glaubens? Ökumene: Jetzt!

„Der eine Rock des Herren ist zerrissen zwischen den streitenden Parteien. Die eine Kirche auseinandergeteilt in die vielen Kirchen, deren jede mehr oder minder intensiv in Anspruch nimmt, allein im Recht zu sein. Und so ist die Kirche für viele heute zum Haupthindernis des Glaubens geworden. Sie vermögen nur noch das menschliche Machtstreben, das kleinliche Theater derer in ihr zu sehen, die mit ihrer Behauptung, das amtliche Christentum zu verwalten, dem wahren Geist des Christentums am meisten im Wege zu stehen scheinen."[18] Die erstaunliche Vermutung, dass ausgerechnet die Kirche „zum Haupthindernis des Glaubens" geworden ist, nicht für wenige, sondern „für viele", kommt nicht von einem verbohrten oder verbitterten Kirchenkritiker, sondern von einem damals jungen Konzilstheologen, der später Bischof, Kardinal, Präfekt der Glaubenskongregation und schließlich als Papst zum obersten Hüter des Glaubens wurde.

Zusammen mit einer Reihe engagierter katholischer wie evangelischer Christen habe ich mich vor ein paar Jahren mit der Frage beschäftigt: Wie gehen wir eigentlich 500 Jahre nach der Reformation mit diesem merkwürdigen Jubiläum um? Was machen wir daraus? Verbinden wir damit außer der Feier eines Jubiläums, weil es halt ein runder Jahrestag ist, irgendeine Gestaltungsabsicht? Damals hat uns insbesondere die Sorge getrieben, dass wir in einem solchen stolzen Jubiläumsjahr sicher brillante Vorträge hören, grandiose wissenschaftliche Kolloquien veranstalten, ganze Regalmeter neuer Literatur zur Reformation im Allgemeinen, zur Kirchenspaltung im Besonderen, und viele kluge Beiträge, warum es so und nicht anders gekommen ist, erleben würden und ganz sicher auch bewegende Festgottesdienste – und dass dann danach alles genauso bleibt wie vorher.

Natürlich freue ich mich über eine völlig neue Tonlage im Umgang der Konfessionen miteinander, die sich in einer spektakulären Weise von allen bisherigen Reformationsjubiläen unterscheidet, die es nicht nur, aber insbesondere im Hundertjahresabstand regelmäßig gegeben hat. So viel Freundlichkeit wie jetzt, so viel wechselseitiges Verständnis, so viel Zusammenarbeit gab es nie. Trotzdem bleibt meine Sorge, dass wir uns schon gar in diesem neuen, sehr viel angenehmeren Zustand inzwischen gemütlich eingerichtet haben und mindestens denken, jedenfalls uns so verhalten, als könnte es genauso natürlich nun auch bleiben. Dass die Absicht der Reformation nicht die Trennung der Kirche war, ist oft genug vorgetragen worden. Dass es zur Kirchenspaltung möglicherweise gar nicht gekommen wäre, wenn es außer den theologischen Differenzen nicht auch handfeste politische Interessen gegeben hätte. Dass insofern die Kirchenspaltung, einschließlich der Verbreitung der Reformation, historisch betrachtet mindestens so sehr auf politische Einflüsse wie auf theologische Differenzen zurückzuführen ist, das kann man heute alles als gesichert und bekannt voraussetzen, legt dann aber umso dringlicher die Frage nahe: Wenn die Gründe, die damals – übrigens ausdrücklich ohne eine entsprechende Absicht Martin Luthers – zur Kirchenspaltung geführt haben, heute nicht mehr bestehen, weder die theologischen noch die politischen, warum halten wir sie dann aufrecht?

Es gibt inzwischen einen ebenso schönen wie verführerischen Begriff, der diesen neuen gemütlichen Status quo in kaum überbietbarer Weise beschreibt: versöhnte Verschiedenheit. In vielen auffällig freundlichen Interviews und Essays von bedeutenden Theologen und Kirchenführern kommt für die Beschreibung dessen, was man sich für die Zukunft vorstellt, kein anderer Begriff häufiger vor als dieser: versöhnte Verschiedenheit. Nun kann ich als Demokrat mit Verschiedenheiten gut umgehen, und als Christ habe ich mit Versöhnung natürlich auch kein Problem, schon gar kein prinzipielles, aber versöhnte Verschiedenheit für das Ergebnis des ökumenischen Prozesses zu halten oder zu erklären, ist für mich eine elegante Kapitulationserklärung. Es verwechselt nämlich den Weg mit dem Ziel. Ein ernsthafter Gestaltungsanspruch müsste lauten: Ökumene jetzt, gemeinsam in die Zukunft! Nicht Versöhnung bei fortbestehender Trennung, sondern gelebte Einheit im Bewusstsein historisch gewachsener Vielfalt. In beiden Kirchen ist die Sehnsucht nach Einheit groß. Die Folgen der Spaltung werden im Alltag von Christinnen und Christen schmerzlich empfunden – oder längst für irrelevant erklärt.

Seit mindestens vierzig, fünfzig Jahren wird sowohl in einschlägigen katholischen wie in einschlägigen protestantischen Texten das Faktum der getrennten Kirchen regelmäßig als Skandal, als Ärgernis beschrieben. Trotz der Irrtümer, Verirrungen, Verfehlungen und auch Verbrechen, die es in der Geschichte des Christentums über die Jahrhunderte hinweg gegeben hat, ist der Kern der tragenden ethischen und moralischen Orientierungen der westlichen Zivilisation von keiner anderen Institution mehr geprägt und mehr gefördert worden als von den christlichen Kirchen. Auch deshalb gehört die Kirchenspaltung, die inzwischen seit über 500 Jahren andauert, zu den größeren Katastrophen der europäischen Geschichte, im Lichte der Herausforderungen der Gegenwart und der Zukunft ist sie ein schwer erträgliches Ärgernis. Kardinal Kasper, der viele Jahre Präsident des Päpstlichen Rates zur Förderung der Einheit der Christen war, hat in seinen Predigten und Schriften immer wieder die Trennung als Skandal bezeichnet, den wir nicht verharmlosen oder gar rechtfertigen dürfen – und schon gar nicht dürfen wir uns daran gewöhnen. Mit diesem Skandal kommen wir aber offenkundig gut zurande, und wenn es denn ein Ärgernis ist, scheint es mit der Beschreibung als solches für manche auch scheinbar gelöst zu sein. Natürlich gibt es nach wie vor Unterschiede. Aber nicht nur die Kirchen als Institutionen, sondern jeder einzelne überzeugte Christ muss für sich die Frage beantworten, ob diese Unterschiede, die es gibt, die Aufrechterhaltung der Spaltung rechtfertigen. Ich glaube das nicht. Ich kann keinen einzigen relevanten Glaubensunterschied erkennen, der die Wiederherstellung der Einheit ausschließen könnte. Keinen einzigen. Aber ich sehe das Selbstverständnis und das Selbstbehauptungsbedürfnis von Institutionen. Da muss man nicht nur in Kirchen schauen, um einmal mehr zu der Einschätzung zu kommen, dass alle Institutionen mit der angeborenen Versuchung zu tun haben, sich selbst für wichtiger zu halten als den Zweck, um dessen Willen sie eigentlich entstanden sind – und weil das so ist, glaube ich auch nicht, dass die Lösung von den Kirchenleitungen erwartet werden darf, schon gar nicht alleine. Hier ist unsere gemeinsame Verantwortung als Christen gefragt. Unser Urteilsvermögen. Im reformatorischen Sinne die Freiheit eines Christenmenschen, zu seinen Überzeugungen zu stehen, auch wenn sie nicht über den Erkenntnisstand, wohl aber über den Veränderungswillen der eigenen Kirchenleitung hinausgehen. Das ist heute übrigens ungleich weniger riskant als zu Luthers Zeiten. Manchmal nervt mich der fröhliche Respekt gegenüber einer Veränderungsbereitschaft, die damals mit hohen Risiken verbunden war, verglichen mit der bräsigen Selbstzufriedenheit, mit der wir uns mit einem Status quo abfinden, den wir als Skandal beschreiben und dennoch aufrechterhalten.

Wir sollen eins sein. So lautet die unmissverständliche Forderung Jesu im Johannesevangelium. Aber wir sind es nicht. Können wir nicht? Oder wollen wir nicht? Die Antwort auf diese Frage wird uns nicht erspart. Wir müssen sie uns stellen und wir müssen sie auch verantwortlich beantworten. Als Christen im Land der Reformation stehen wir in der besonderen Verantwortung, Zeichen zu setzen und dazu beizutragen, den gemeinsamen Glauben auch in einer gemeinsamen Kirche zu leben.

Verantwortung vor Gott und der Welt

Die Verantwortung, die Christen nicht nur als Staatsbürgerinnen und Staatsbürger im politischen System einer Gesellschaft haben, und die Verantwortung, die sie in ihren jeweiligen Kirchen haben, können sich wechselseitig nicht ersetzen, aber ergänzen. Die Wahrnehmung der einen Verantwortung schließt die andere nicht nur nicht aus, sondern setzt sie in einem gewissen Umfang geradezu voraus.

Das haben übrigens bedeutende Staatsphilosophen der Aufklärung offenkundig besser gewusst als manche ihrer späteren Epigonen. Von John Locke über Immanuel Kant, die Väter der amerikanischen Verfassung bis zu den großen französischen Aufklärern, Tocqueville beispielsweise. Von Immanuel Kant stammt der schöne schlichte, aber wohl doch ein bisschen übertriebene Satz: „Es ist unmöglich, dass ein Mensch ohne Religion seines Lebens froh werde.“[19] Da haben wir inzwischen hinreichend viele Gegenbeispiele, um das für eine gesicherte Tatsache zu halten. Deswegen habe ich auch nicht von der Unverzichtbarkeit von Religion für jeden Einzelnen und sein persönliches Lebensverständnis gesprochen, sondern von der Unverzichtbarkeit von Religion als Grundlage des Selbstverständnisses und der Verhaltenssicherheit in Gesellschaften. So wie der Glaube Vernunft braucht, um mit dem Anspruch ewiger Wahrheiten und Heilsversprechen nicht Opfer seiner eigenen Versuchungen zu werden, so bedarf auch die säkulare Vernunft verlässlicher Orientierungen, die über reine Zweckrationalitäten, technische Optionen und ökonomische Kalküle hinausweisen und ihnen Grenzen setzen. Von Alexis de Tocqueville, dem großen Franzosen, der nach der Französischen Revolution in einem sich dezidiert laizistisch verstehenden Staat aufgewachsen ist, stammt der folgende bemerkenswerte Befund: „Der Despotismus kommt ohne Glaube aus, die Freiheit nicht.“[20] Der Republik ist die Religion viel notwendiger als der Monarchie und dem demokratischen Staatswesen mehr als allen anderen. Das ist heute jedenfalls keine allgemeine Einsicht. Auch deswegen lohnt es, sich mit der Frage zu beschäftigen, wie es denn wirklich mit diesem jahrhundertealten, aber immer wieder neuen Spannungsverhältnis von Politik und Religion, von Staat und Kirche unter den Bedingungen moderner, aufgeklärter Gesellschaften bestellt ist. Mitten in der Welt, in der wir heute leben, sind die wirklich großen Fragen jedem vordergründigen Eindruck zum Trotz im Kern religiöse Fragen: die Frage nach Leben und Tod, nach Gut und Böse, nach Schuld und Vergebung, nach Freiheit und Verantwortung, nach Krieg und Frieden und Völkerverständigung. Sie sind freilich von den Kirchen ebenso wenig alleine zu beantworten wie von den Regierungen oder Parlamenten.

Es gibt in der Menschheitsgeschichte keinen vergleichbar wirksamen Einflussfaktor auf das Begründen, Entstehen, Vermitteln von grundlegenden Überzeugungen und normativen Ansprüchen an sich selbst und an das Zusammenleben von Menschen als Religionen. Dies erklärt auch die erstaunlich stabile breite Überzeugung von der Geltung solcher Ansprüche auch in unserer längst multikulturellen Gesellschaft, die den Willen zur Vernunft nicht weniger braucht als die unterschiedlichen Glaubensbekenntnisse.

***

Anmerkungen

1 Habermas, Jürgen/Ratzinger, Josef: Dialektik der Säkularisierung. Über Vernunft und Religion. Freiburg: Herder, 2005, S. 26.
2 Habermas/Ratzinger: Dialektik der Säkularisierung. S. 32 f.
3 Habermas/Ratzinger: Dialektik der Säkularisierung. S. 37.
4 Ratzinger, Joseph: Die Freiheit befreien. Glaube und Politik im dritten Jahrtausend. Freiburg: Herder, 2018, S. 162 f.
5 Böckenförde, Ernst-Wolfgang: Staat, Gesellschaft, Freiheit. Studien zur Staatstheorie und zum Verfassungsrecht. Frankfurt am Main: Suhrkamp, 1976, S. 60.
6 Habermas, Jürgen: Zwischen Naturalismus und Religion. Philosophische Aufsätze. Frankfurt am Main: Suhrkamp, 2009, S. 119.
7 Vgl. Bertelsmann Stiftung: Die Zukunft der Kirchen – zwischen Bedeutungsverlust und Neuverortung in einer vielfältigen Gesellschaft. Ergebnisse des Religionsmonitors 2023 – eine Vorschau, S. 6.
8 Vgl. Forsa-Institutionen-Vertrauensranking zur Jahreswende 2022/2023 (4003 Befragte), 25. Januar 2023.
9 Papst Benedikt XVI.: Rede im Deutschen Bundestag am 22. September 2011.
10 Vgl. Kermani, Navid: Wer ist Wir? Deutschland und seine Muslime. München: C.H.Beck Verlag, 2015, S. 168.
11 Maier, Hans: Welt ohne Christentum – was wäre anders? Freiburg: Herder, 2016, S. 144.
12 Lumen gentium 37.
13 Evangelii gaudium 102.
14 Vgl. Sternberg, Thomas: Vertrauen allein reicht nicht. In: Herder-Korrespondenz, Heft 9/2017, S. 27–31.
15 Gaudium et spes 4.
16 Kasper, Walter: Katholische Kirche: Wesen – Wirklichkeit – Sendung. Freiburg: Herder, 2011, S. 30.
17 Lehmann, Karl: Geleitwort. In: Lammert, Norbert: Ich glaube an Gott. Die Grundgebete der Messe neu übersetzt. Leipzig: St. Benno Verlag, 2011, S. 7.
18 Ratzinger, Joseph: Einführung in das Christentum. München: Kösel-Verlag, 1968, S. 281 f.
19 Kant, Immanuel: Reflexion 8106, 1799.
20 Vgl. das französische Original: „C'est le despotisme qui peut se passer de la foi, mais non la liberté.": de Tocqueville, Alexis: De la démocratie en Amérique I (1835). Édition électronique: Jean-Marie Tremblay: 2001, S. 120: http://classiques.uqac.ca/classiques/De_tocqueville_alexis/democratie_1/democratie_t1_2.pdf [Zugriff 1. Februar 2023].

Dank

Der Text beruht auf Vorträgen und Aufsätzen, die ich in den letzten Jahren zu verschiedenen Anlässen gehalten und geschrieben habe. Meine Beschäftigung mit dem Verhältnis von Politik und Religion verdankt viele Anregungen einem privaten Freundeskreis, den das Engagement in Staat und Kirche verbindet:

Dieter Althaus
Alois Glück
Fritz Kronenberg
Hermann Kues
Werner Remmers
Thomas Sternberg
Erwin Teufel
Bernhard Vogel

Für die Unterstützung bei der Zusammenstellung der einzelnen Texte danke ich Michael Rimmel und Florian Weitzker.

Quellen

Mitten in dieser Welt. Die Kirche in der Zeit, die Zeit in der Kirche
Rede anlässlich des 850. Jubiläums (1156) der Weihe der Abteikirche Maria Laach am 27. August 2006.

Wer trägt Verantwortung für die Kultur?
Rede im Rahmen der Ringvorlesung an der Humboldt-Universität zu Berlin am 20. November 2006.

Ökumene jetzt: ein Gott, ein Glaube, eine Kirche
Erklärung einer Initiative engagierter katholischer und evangelischer Christen, veröffentlicht am 5. September 2012.

Politik und Religion. Erwartungen und Ansprüche
Vortrag im Rahmen des Symposiums der Ökumenischen Rundschau „Religion im öffentlichen Raum" in Augsburg am 23. Februar 2013.

Was bedeutet Toleranz in der Politik? Wie leben Politiker Toleranz?
Predigt im Rahmen eines Gottesdienstes der Stadtkirche St. Reinoldi in Dortmund in der Predigtreihe zum Thema „Toleranz" anlässlich der Lutherdekade 2017 auf Einladung der Evangelischen Kirche in Deutschland am 24. Februar 2013.

Religion und säkulare Gesellschaft
Inaugurationsvortrag anlässlich der Verleihung der Würde eines Ehrensenators der Europäischen Akademie der

Wissenschaften und Künste in Frankfurt am Main am 14. Juni 2013.

Zwischen Reformation und Resignation – Die Verantwortung von Christen in Staat und Gesellschaft
Vortrag bei einem Empfang des Sprengels Hildesheim-Göttingen der Evangelisch-lutherischen Landeskirche Hannovers in Hildesheim am 31. Mai 2017.

Voll(e) Macht. Eine politische Perspektive
Beitrag, in: Theologie und Gesellschaft, ThG 64 (1/2021), S. 44–49.

Erosion einer bedeutenden Institution
Gastkommentar, in: Herder-Korrespondenz, Heft 3/2022, Freiburg: Herder, 2022, S. 6.

Literaturhinweise

Glück, Alois/Frank, Joachim: Anpacken statt Aussteigen. Der Auftrag der Christen in unserer Welt. Freiburg: Herder, 2015.

Habermas, Jürgen/Ratzinger, Joseph: Dialektik der Säkularisierung. Über Vernunft und Religion. Freiburg: Herder, 2005.

Hollerich, Jean-Claude: Was auf dem Spiel steht. Die Zukunft des Christentums in einer säkularen Welt. Freiburg: Herder, 2022.

Lammert, Norbert/Felger, Andreas: Credo: Texte und Bilder zum Glaubensbekenntnis. Aßlar: adeo Verlag, 2013.

Lehmann, Karl: Zuversicht aus dem Glauben: Die Grundsatzreferate des Vorsitzenden der Deutschen Bischofskonferenz mit den Predigten der Eröffnungsgottesdienste. Freiburg: Herder, 2006.

Marx, Reinhard: glaube! 2. Auflage, München: Kösel-Verlag, 2013.

Sternberg, Thomas: Finanzen der katholischen Kirche in Deutschland. In: Herder-Korrespondenz, Heft 9/2017, S. 27–31.

Teufel, Erwin: Ehe alles zu spät ist: Kirchliche Verzagtheit und christliche Sprengkraft. Freiburg: Herder, 2013.

Vogel, Bernhard: Im Zentrum: Menschenwürde. Politisches Handeln aus christlicher Verantwortung. Christliche Ethik als Orientierungshilfe. Sankt Augustin: Konrad-Adenauer-Stiftung, 2006.

Seite 34 8 % Kath. K.
31 % Ev. K.